AF267928

LE MANDAT

ESQUISSE

D'UNE

CONSTITUTION

PAR

UN HOMME D'AFFAIRES

PARIS

AUGUSTE FONTAINE, LIBRAIRE

36, PASSAGE DES PANORAMAS, 36

1871

LE MANDAT

ESQUISSE

D'UNE

CONSTITUTION

PAR

UN HOMME D'AFFAIRES

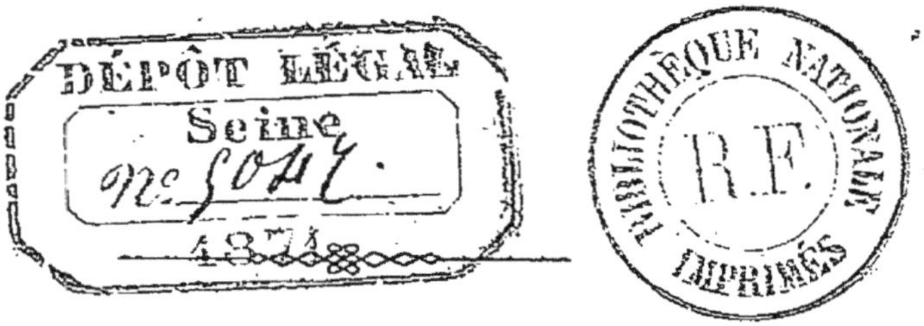

PARIS

AUGUSTE FONTAINE, LIBRAIRE

36, PASSAGE DES PARONAMAS, 36

—

1871

LE MANDAT

ESQUISSE

D'UNE

CONSTITUTION

L'Assemblée nationale s'est séparée pour quelques mois après s'être déclarée Constituante, mais sans avoir abordé la Constitution. Je ne suis pas de ceux qui le lui reprochent, moins encore de ceux qui demandent la dissolution de l'Assemblée. Dans l'état de division des groupes parlementaires qui la composent et qui correspondent trop aux divisions du pays, la fidélité au pacte de Bordeaux a été, je crois, sagesse. Tout en observant ce pacte, l'Assemblée a fait de grandes choses et a droit à une vive reconnaissance.

Il faudra cependant bien en arriver à l'élaboration d'une Constitution ; je souhaite que pour s'y préparer il se forme une majorité compacte, dirigée par des chefs éminents, sachant sacrifier résolûment des préférences et des habitudes d'esprit plus traditionnelles que raisonnées. Je souhaite que la droite, qui s'est montrée en beaucoup d'occasions très-libérale et très-patriotique, soit moins préoccupée d'une forme et laisse à l'extrême gauche le monopole de l'intolérance dogmatique. Je conseillerais aux monarchistes de tenir moins à la monarchie qu'aux intérêts conservateurs dont elle est présumée l'expression ; de ne pas risquer de lâcher la proie pour l'ombre, en compromettant leur légitime influence sur les populations. La véritable habileté politique, conforme à la droiture et au patriotisme, est, j'en suis convaincu, d'accepter franchement la République comme un fait, et de l'accaparer, en quelque sorte, au profit des idées conservatrices, en se gardant bien de pousser à une restauration aiguë du principe monarchique. La France fatiguée redoute toutes les opérations aiguës, et on lui fait aisément peur des opérateurs les mieux intentionnés.

Si je ne me trompe, il importe plus que la France soit pacifiée, prospère et se relève de ses ruines, qu'il n'importe d'y rétablir un trône et une cour. Je sais bien que les monarchistes répondront que la monarchie peut seule avoir la vertu de lui rendre une prospérité durable, et que c'est pour la plupart d'entre eux une persuasion sincère. N'est-il pas vrai cependant que chez un grand nombre c'est moins une persuasion réfléchie de raisonnement qu'une idée préconçue, un respect traditionnel, une sorte de culte ? Or, en ces choses humaines, je n'admets pas qu'on dogmatise, et je tiens que tout culte politique est une superstition.

Nous avons connu, il n'y a pas longtemps, la superstition napoléonienne. Elle avait je ne sais quel catéchisme, publié sous le titre d'idées napoléoniennes. Elle avait déjà une tradition, une légende, le culte d'un nom symbolique, proposé aux hommages religieux de la foule, enseigné avec un moindre succès dans les écoles de la jeunesse. Elle avait des saints et des docteurs, des statues, des images et des reliques, des autels et enfin une idole devant laquelle on brûlait l'encens. Je ne sais guère d'outrage plus humiliant infligé à la raison du dix-neuvième siècle que ce fétichisme. Je voudrais que les iconoclastes de la Commune de Paris n'eussent pas commis de plus grands crimes que de renverser de son piédestal l'idole de la place Vendôme : violence sauvage et inutile d'ailleurs, le culte ayant été renversé avant l'idole.

Les iconoclastes étaient une secte religieuse. Les

gens de la Commune étaient une secte irréligieuse, branche exubérante et gourmande du parti républicain qui, pour son malheur et celui de la France, est lui-même une secte. Ici, en effet, nous sommes encore en présence d'une superstition. Sauf quelques honorables et trop rares exceptions, ce n'est pas par une conviction raisonnée de sens rassis que les partisans de la République la proposent comme la meilleure forme de gouvernement appropriée aux intérêts de la France. Non, ils né la proposent pas, ils l'imposent, ils en sont les prédicants fanatiques. La République est pour eux un dogme qu'ils placent au-dessus de la discussion, au-dessus de la volonté de la France. Ils veulent violenter le pays, le mutiler au besoin pour le coucher dans leur lit de Procuste. Leurs discours et leurs écrits sont toujours impérieux, arrogants, enthousiastes, déclamatoires. On croit entendre un écho des harangues des puritains d'Écosse. Le style républicain devrait être défini et caractérisé dans les rhétoriques, et combien il serait facile de multiplier les citations ! Même sous le rapport du goût, c'est le plus détestable de tous les styles. Pendant le premier siége de Paris, la République n'était contestée par personne, et néanmoins, grand Dieu ! quelle prose officielle était servie en pâture à la population affamée !

Quelles pompeuses balivernes en l'honneur du dogme républicain couvraient nos murs ! Je devine aisément le ton des mandements de la province.

Le parti républicain en France est, je le répète, une secte. Il a ses saints et son martyrologe, il a son symbole, ses docteurs, ses missionnaires, ses pontifes, ses fêtes, ses anniversaires ; il brûle aussi de l'encens devant ses idoles. Il a voulu changer le calendrier, et l'une de ses audaces de sectaire a été de prétendre ouvrir, comme Mahomet, une hégire, en faisant succéder l'ère républicaine à l'ère chrétienne, ce dont ne s'étaient certes jamais avisés, en se constituant en république, les Américains, les Vénitiens ni les Suisses.

Prenez garde, dirai-je aux monarchistes de la droite, que j'honore grandement et parmi lesquels je compte de nombreux amis, prenez garde d'avoir aussi un culte superstitieux. Votre religion politique, — c'est vous qui vous plaisez dans l'association regrettable de ces mots, — est assurément la plus respectable et la plus ancienne, mais quelques siècles de plus ou de moins ne font rien à la vérité d'une doctrine. De bonne foi, est-il possible qu'à un moment de l'histoire un dogme ait surgi, exclusivement applicable à la France, et se soit incarné dans une famille souveraine ? A entendre vos docteurs et vos prédicants, il en serait ainsi. Pour vous, comme pour d'autres la république, la monarchie serait au-dessus de la discussion, au-dessus de la volonté de la France.

Des quatre partis qui déchirent notre malheureux pays, il n'y en a qu'un seul, et l'observation me paraît très-remarquable, qui ne dogmatise pas : c'est le parti orléaniste. Je n'ai jamais appartenu de près ni de loin à ce parti : toute mon éducation lui a été hostile. Pour bien montrer que je ne suis pas suspect, je dirai que je blâme sans hésitation, en morale et en politique, le duc d'Orléans, lieutenant général du royaume, d'avoir en 1830 saisi la couronne qu'il avait mission de défendre, brisé une fois de plus la tradition monarchique, et créé les antagonismes dynastiques dont la France a tant souffert et souffre encore après quarante ans. Mais il m'est impossible de n'être pas très-frappé de l'attitude actuelle des princes de sa famille. Ils ne font pas de la théologie généalogique ni du mysticisme ; ils ne se croient pas tombés du ciel et fils de Jupiter ; ils ne dressent ni autels ni chaires ; ils ne se mettent pas au-dessus de la discussion ; ils ne prétendent pas qu'une doctrine se soit incarnée en eux. Ils sont accommodants, ouverts, prêts à tout ce que leur demandera la France, acceptant d'être princes du sang autour du trône restauré, ou citoyens de la République. Ils ont voulu servir obscurément de leur épée, sous un nom d'emprunt, la France envahie, sollicitant au besoin le dictateur éphémère du moment, le citoyen Gambetta lui-même. Ils sont membres de l'Assemblée nationale, officiers français, membres des conseils généraux; ils vont voir les ministres et le président du gouvernement établi : on parle de l'un d'eux comme d'un président possible. Ils habitent leurs terres ou celles de leurs amis, ils ont des appartements ou achètent des hôtels à Paris. Dégoûtés du pain amer de l'exil, ils ne croient pas que leur dignité leur ordonne de reprendre les routes de l'exil, pour s'y envelopper d'un mystérieux nuage en laissant à Dieu le soin de le dissiper.

C'est de l'habileté, dira-t-on. Oui sans doute, mais quand l'habileté se concilie avec la loyauté et avec le patriotisme, je n'aperçois pas bien pourquoi des princes s'interdiraient d'être habiles.

On verra par ce qui va suivre que ce n'est pas une prédilection pour leur cause qui m'inspire ce langage. Je conclus à la forme républicaine, et le projet de constitution que je propose exclurait de la présidence tous les princes en supprimant la présidence elle-même. Il ne serait guère possible qu'un prince recherchât ni reçût la ma-

gistrature bourgeoise que je conseille de lui subs-
tituer, à moins que l'opinion irrésistible de la
France, en appelant à ce poste un prince, ne
manifestât la volonté de l'élever plus haut, auquel
cas je ne saurais comprendre encore quel droit
absolu et primordial ferait obstacle à la volonté
de la France.

Je conclus à la forme républicaine pour trois
raisons principales :

La première est que, par un enchaînement de
circonstances assurément funestes et déplorables,
c'est la forme qui nous régit aujourd'hui, et que
je ne crois pas possible de la renverser sans se-
cousses violentes. Or je redoute singulièrement
les révolutions et ne voudrais pas exposer mon
pays au risque de nouvelles commotions et de
nouvelles guerres civiles. Essentiellement conservateur, j'estime que conserver la République, c'est
être conservateur aujourd'hui.

La seconde raison est qu'il y a malheureuse-
ment en France trois partis monarchiques et trois
compétitions dynastiques. Ah ! certes, s'il n'y avait
qu'une seule tradition monarchique le cas serait bien
différent, et moi aussi je serais fidèle à la tradition
séculaire de la France. Je ne puis pas faire qu'il
en soit ainsi. Il n'y a pas, en France, un grand
parti monarchique à opposer à la République, il y

en a trois qui se querellent, se déchirent, s'invectivent réciproquement, et comment s'étonner que ces antagonismes dynastiques aient fait perdre aux populations le respect, le goût et presque la compréhension du principe monarchique ?

La troisième raison est que je crois la forme républicaine compatible avec les influences conservatrices et les principes sociaux que j'estime supérieurs à toutes les théories politiques et à toutes les superstitions dynastiques, — à la condition que la constitution soit sage. Je suis ainsi amené à développer la pensée qui m'a inspiré cet écrit et à proposer un projet de constitution.

Absolument étranger aux luttes de la politique, observateur non désintéressé, mais aussi non passionné de ces luttes, j'ai vieilli dans la pratique des affaires, j'ai particulièrement étudié le mécanisme des grandes sociétés commerciales, dont la législation et les statuts sont de véritables constitutions. J'ai participé à la gestion de plusieurs de ces sociétés. C'est une expérience d'homme d'affaires que j'apporte ici, à défaut d'une expérience politique ; mais je suis profondément convaincu, et ce sera l'excuse ou la condamnation de ma hardiesse, que toutes les affaires se ressemblent. La gestion des intérêts publics ne diffère pas essentiellement de celle des intérêts privés collectifs. Ayant donc observé et clairement aperçu quelles institutions ont fait l'éclatante prospérité des plus grandes sociétés commerciales, je viens conseiller aux hommes politiques de puiser là des enseignements, de regarder autour d'eux, de se pénétrer des règles et des procédés consacrés de la gestion des affaires, — et finalement, de constituer la société publique à peu près exactement comme la loi et l'expérience ont constitué la société anonyme, sur la base du mandat.

Je commencerai par exposer brièvement, pour les lecteurs peu familiarisés avec ces matières, en quoi consiste la société anonyme. Si je ne me trompe, les analogies politiques surgiront d'elles-mêmes et à chaque ligne.

La société anonyme est une république gouvernée par un conseil de mandataires qu'élit une assemblée. Le mandat ne peut pas être donné pour plus de six ans; il est renouvelable. Pendant sa durée, il peut être révoqué, au gré des mandants.

Ce caractère de mandat temporaire, limité par la loi à six ans au maximum, toujours renouvelable, mais aussi toujours révocable, est le caractère propre et essentiel du gouvernement de la société anonyme. Il exige que les gouvernants ou administrateurs se maintiennent toujours dans la confiance de la majorité de leurs mandants ou électeurs; si cette confiance vient à cesser, ils peuvent être ou remplacés au terme de leur mandat ou révoqués avant ce terme. Dans les deux cas, le mandat cesse de plein droit, les gouvernants sont déchus de tout pouvoir et n'ont plus que des comptes à rendre.

Par ailleurs, quant au mode de collation et à l'étendue du mandat, quant au nombre des mandataires, la plus grande diversité est admise. Si les statuts, qui sont la constitution d'une société anonyme, le disposaient ainsi, le corps électoral ou l'assemblée des actionnaires pourrait conférer tous les pouvoirs à un mandataire unique, et faire de lui un dictateur. C'est sans exemple, à ma connaissance, mais ce serait possible et légal. Une société ainsi constituée n'en serait pas moins une république et ne serait pas une monarchie. Car le dictateur, ainsi nommé, ne pourrait pas l'être pour plus de six ans; il ne serait pas héréditaire, il serait toujours révocable; il devrait, après six ans au plus, se soumettre de nouveau à l'élection; enfin, il aurait à rendre tous les ans des comptes au corps électoral. Il sentirait donc l'indispensable nécessité de se concilier toujours la confiance de ce corps, sans laquelle il serait à tout moment exposé à se voir retirer le pouvoir.

Néanmoins, malgré ces très-solides garanties

contre l'omnipotence, on a, dans la pratique, constamment préféré le partage du pouvoir.

Le corps électoral, ou l'assemblée des mandants, peut être composé de tous les associés ou actionnaires. C'est le suffrage universel, plus universel même que celui de la société publique, les femmes n'étant pas exclues, et les tuteurs représentant les mineurs.

En fait, cette combinaison est rare, à moins qu'il ne s'agisse de sociétés ayant un petit nombre d'associés. Si les associés sont très-nombreux, on craindrait les assemblées tumultueuses, et l'on ne peut pas réunir celles que la salle la plus spacieuse n'abriterait pas.

D'ordinaire donc, on stipule que, pour faire partie du corps électoral, il faut posséder un certain nombre d'actions : cinq, dix, quarante ou davantage. Ceux qui en possèdent moins sont privés de toute participation aux élections des gouvernants ; c'est un vrai cens électoral.

Quelquefois, les électeurs sont inégaux en pouvoir, chacun d'eux ayant un nombre de voix proportionné au nombre de ses actions. Je désapprouve entièrement cette combinaison. Elle s'appuie sur le prétexte qu'on doit avoir d'autant plus de part au gouvernement d'une société qu'on y a plus d'intérêt. Prétexte futile : le petit rentier ou l'artisan qui possède pour toute fortune dix actions du chemin d'Orléans a beaucoup plus d'intérêt au bon gouvernement de la société que l'opulent capitaliste qui en possède cent. En outre, la combinaison est oppressive, injurieuse, et blesse tous nos principes d'égalité. Si je suis admis dans une assemblée délibérante, il est injurieux que ma voix n'y vaille pas celle de mes voisins. Il est même absurde que les votes de neuf membres attentifs, intelligents, qui auront écouté les rapports, examiné les comptes avec soin, puissent être écrasés par le vote unique d'un vieillard inepte, endormi ou sourd. On arriverait aisément ainsi à ce résultat ridicule d'une assemblée de cent membres où une minorité compacte de dix ferait la loi.

Je n'ai pas les mêmes objections, je n'en ai plutôt aucune en principe contre un cens électoral ou une présomption de capacité. Mais de quelque façon qu'une assemblée soit composée, l'égalité de lumières entre ses membres délibérants est nécessairement présumée, et les décisions doivent être prises à la majorité effective des voix.

Quoi qu'il en soit, le corps électoral, étant constitué et rassemblé, élit ses mandataires.

La combinaison la plus répandue, et que l'expérience a démontré être la meilleure, est celle-ci :

L'assemblée élit directement un conseil, véritable corps de gouvernement, et lui délègue tous les pouvoirs de gestion, sauf pour certaines questions constitutionnelles ou d'une importance extrême réservées à l'assemblée.

Afin d'éviter les transitions trop brusques, ce corps de gouvernement n'est pas soumis tout à la fois à la réélection, mais partiellement d'année en année. Le sort désigne les membres qui seront soumis à la réélection les premières années. Quand une vacance se produit, le nouveau conseiller élu ne reçoit de mandat que pour le temps que devait durer encore le mandat de son prédécesseur.

Le conseil, le corps de gouvernement, se forme et se constitue en élisant un président. Mais qu'on se garde bien de voir en ce personnage quelque chose d'analogue à un président de République. Non, c'est un simple président du conseil, assurant l'ordre des délibérations, ayant voix prépondérante en cas de partage, parce qu'il faut bien qu'une décision intervienne, par ailleurs égal en pouvoirs à ses collègues et ayant reçu des actionnaires exactement le même mandat qu'eux.

Il est cependant nécessaire de pourvoir à l'administration proprement dite, à l'organisation du personnel, au détail des affaires, à l'exécution des décisions du conseil; en un mot, de constituer un pouvoir exécutif. C'est ce que s'empresse de faire le conseil en élisant et choisissant un mandataire du second degré, un fonctionnaire principal, appelé agent général, secrétaire général, ou plus habituellement directeur, agent permanent, assidu, préposé à la tête de tous les services administratifs. Je le nommerai le directeur.

J'ai connu des sociétés où le directeur était directement élu par l'assemblée des actionnaires. Combinaison illogique et anarchique. Le fonctionnaire chargé d'exécuter les décisions du conseil doit être manifestement choisi par le conseil, et révocable par le conseil; s'il tient son mandat de l'assemblée, s'il est un pouvoir constitutionnel indépendant du conseil, il aura moins de déférence pour le conseil, il sera plus disposé à lutter, à en appeler à l'assemblée. Les chances de conflits seront plus grandes.

Je connais aussi des sociétés où le directeur, choisi ou introduit dans le sein du conseil, en demeure membre délibérant, participant aux décisions qu'il a mission d'exécuter. La loi n'interdit pas cette combinaison, mais je pense que les constituants d'une société ou les rédacteurs des statuts, à leur défaut les actionnaires-électeurs, feront d'ordinaire sagement de l'écarter. Le directeur a déjà, par l'assiduité de ses fonctions, par sa connaissance plus intime de tous les détails de la gestion, par son élaboration préalable des questions, une influence très-considérable et très-légitime sur les délibérations du conseil. L'admettre en outre à opiner lui-même et à faire l'appoint de la majorité, n'est-ce pas risquer d'exagérer son influence jusqu'à une sorte de prépotence? Il est à remarquer aussi que c'est le directeur qui présente au conseil presque toutes les propositions. Sa voix est donc engagée d'avance et n'est plus à proprement parler une voix délibérante; s'il se rendait aux raisons contraires, il retirerait la proposition, et ce ne serait pas encore délibérer.

Il a nécessairement voix consultative dans toutes les questions. C'est lui d'ailleurs, ainsi que je viens de le dire, qui fait presque toutes les propositions.

En cas d'empêchement, il est suppléé par un sous-directeur.

Il est au sommet de toute la hiérarchie des employés ou fonctionnaires. Il n'a cependant pas le droit personnel de les nommer ni de les destituer. En cela, comme en tout le reste, il soumet des propositions au conseil.

Il signe les actes engageant la société, d'ordinaire avec le contre-seing d'un ou de deux membres du conseil.

Le directeur a une situation lucrative, dont les avantages sont proportionnés à l'importance de la société. Il remplit des fonctions assidues auxquelles il se doit tout entier, sans pouvoir exercer aucune autre profession. Les membres du conseil, au contraire, beaucoup moins rétribués et n'étant pas assujettis, dans l'intervalle des séances, à des fonctions assidues, sont libres d'exercer les professions les plus diverses.

Naturellement le directeur, à proportion du degré de confiance qu'il inspire au conseil, a souvent un pouvoir effectif, ce que j'appellerai un pouvoir personnel très-étendu. Une sorte de délégation expresse ou tacite peut lui conférer dans la pratique une partie des attributions du conseil, et la faculté de décider bien des questions. Néanmoins, ce pouvoir personnel est toujours contrôlé, toujours contenu par le besoin de témoigner de la déférence au conseil, qui a le droit de briser la position du directeur.

Telle est la société anonyme, constituée sur la base du mandat. Les membres du conseil sont les mandataires des actionnaires, le directeur est le mandataire du conseil.

L'expérience démontre que, malgré la fréquence des élections, malgré ce que semblent avoir de précaire des mandats temporaires et révocables, ce mécanisme fonctionne d'ordinaire avec un plein succès. Les conflits graves et les crises aiguës sont très-rares dans les sociétés anonymes. Il est extrêmement rare qu'un directeur soit changé, extrêmement rare que les membres du conseil ne soient pas réélus, quoique ces positions soient très-recherchées. La prévarication personnelle du directeur, les procès entre le directeur et la société, la faillite enfin d'une société anonyme sont encore choses extrêmement rares. Ces sociétés ont, sauf exception, une existence prospère, peu troublée, exempte de révolutions.

Il existe une autre forme de société où le pouvoir est beaucoup plus concentré, la société en commandite. Ici la direction est aux mains d'un gérant responsable dont les pouvoirs personnels n'ont guère de limites, dont les actes personnels engagent la société. C'est une monarchie, et une monarchie absolue, nonobstant l'intervention et le contrôle peu efficace d'un conseil de surveillance qui n'a pour fonctions que d'approuver ce qui est fait, et pour ressource, en cas de dissentiment, que de refuser son approbation en accusant le gérant devant l'assemblée des actionnaires. L'assemblée elle-même ne peut pas, de plein droit, changer le gérant qui n'a plus sa confiance.

Il faut des procès, des interrègnes, des gouvernements provisoires. C'est une vraie révolution, avec ses résistances et ses péripéties anarchiques.

Le gérant a des fonctions presque héréditaires, car il s'est le plus souvent réservé de désigner son successeur.

On peut alléguer en faveur de cette constitution de société tout ce qui a été dit en faveur de l'institution monarchique : stabilité, action plus libre du pouvoir, secret et suite des grandes négociations, éloignement des prétentions et des compétitions, etc. Il est certain que si le gérant est un homme d'un mérite transcendant, s'il fait toujours un bon usage de son omnipotence, la société parviendra entre ses mains, plus aisément, plus rapidement, au plus haut degré de prospérité. Je reconnais de même qu'il ne saurait y avoir de peuples plus heureux que ceux qui seraient gouvernés par un monarque parfait, mettant au service d'un pouvoir sans limites autant de génie que de vertus.

Mais de tels despotes sont rares. Des gérants parfaits sont rares aussi. D'ailleurs, despotes et gérants sont mortels, sujets aux maladies et à la caducité de la vieillesse. Et puis, qui donc n'abuse pas d'un pouvoir illimité? Aussi l'expérience des affaires, comme l'expérience de l'histoire, a condamné dans la pratique le pouvoir absolu. Les sociétés en commandite, quand les intéressés étaient nombreux, ont presque toujours abouti à des conflits, à des révolutions et à des désastres. On ne veut plus, et l'on a raison, de cette forme de société, on lui substitue chaque jour davantage la société anonyme. J'ai vu souvent des sociétés en commandite se transformer ou tenter de se transformer en sociétés anonymes, — jamais le contraire.

Les choses étant ainsi dans le domaine des grandes affaires, je m'étonne qu'on n'ait jamais songé en France à constituer la société publique sur la base du mandat, à l'instar de la société anonyme. Nous avons eu une demi-douzaine de constitutions républicaines, toutes éphémères, et dont pas une n'a ressemblé à la société anonyme dont je viens d'exposer l'organisation.

Un conseil élu de gouvernement, élisant pour exécuter ses décisions un directeur, c'est cependant une idée bien simple et bien pratique.

Je craindrais de fatiguer le lecteur en commentant les constitutions de 1793, de l'an III et de l'an VIII. Ce serait pourtant une curieuse étude archéologique. On entendrait par exemple les vertueux conventionnels de 93 déclarer, sous l'article 123 de leur œuvre :

« La République française honore la loyauté,
« le courage, la vieillesse, la piété filiale, le mal-
« heur. Elle remet le dépôt de sa constitution sous
« la garde de toutes les vertus, » ce qui est un
échantillon assez remarquable de ce style théâtral
et déclamatoire que j'ai appelé le style républicain.

Je ne veux pas remonter au-delà de 1848 ;
qu'ont imaginé les constituants de cette époque ?
Un président directement élu, non pas même par
une assemblée, mais par la France entière, lequel
nomme et révoque les membres du conseil des
ministres, c'est-à-dire *précisément l'inverse* de
l'organisation de la société anonyme, où le conseil
élu nomme et révoque le directeur.

Je suis très-frappé de cette première opposition.
Le contraste est aussi complet que possible.

Qu'importe après cela que les actes du président
doivent être contre-signés d'un ministre, puisque
les ministres sont ses créatures, et dépendent de
lui ? La garantie est dérisoire ; autant vaudrait demander à chaque ministre de faire contre-signer à
son tour ses arrêtés par son secrétaire.

Celui qui proposerait de conférer au directeur
d'une société anonyme le droit statutaire de nom-

mer et de révoquer les membres du conseil paraîtrait avoir perdu le sens.

Ce n'est pas tout. A ce président qui nomme et révoque les ministres, les agents diplomatiques, les commandants des armées, les préfets, qui négocie et ratifie les traités, qui promulgue les lois, qui dispose de la force armée, qui a le droit de grâce, qui a toutes les attributions de la royauté, et plus que celles de beaucoup de royautés, voici qu'on donne par surcroît la force, le prestige, l'orgueil d'une acclamation populaire. Produit direct de l'élection, il est indépendant de l'Assemblée nationale. Et cela s'est appelé constituer une république!

Après tant de concessions étranges faites au pouvoir personnel du président, l'esprit démocratique et jaloux s'est réveillé, et quelle barrière a-t-il su opposer aux envahissements de ce pouvoir? Une seule, la limitation du mandat à une durée de quatre ans.

Je ne connais rien encore de plus illogique, de plus contraire aux notions du mandat. Quel est l'homme qui, pour l'administration de sa fortune privée, voudrait s'interdire de continuer après quatre ans sa confiance au mandataire qui l'aurait justifiée? Quelle est la société anonyme qui accepterait l'obligation de changer d'administrateurs et de directeur tous les quatre ans? Ce serait le plus sûr moyen d'être toujours mal gérée. Si la confiance ne se commande pas, elle ne se retire pas non plus par voie d'autorité, et la continuation de la confiance doit entraîner la continuation du mandat.

Je sais bien qu'aux États-Unis le mandat de président est aussi de quatre ans. Du moins, il est renouvelable pour quatre autres années, ce qui fait un total de huit ans. La durée possible du mandat est ainsi doublée, et c'est beaucoup. Les inconvénients de l'instabilité sont considérablement diminués. Un bon président a l'espoir de recevoir un nouveau témoignage de confiance. Pourtant j'estime que ce n'est pas assez, et qu'une nation aliène une part notable de sa souveraineté, en mettant ainsi des bornes de durée à sa confiance. En pareille matière, je ne comprendrais qu'une limite d'âge, comme barrière contre les entraînements de l'habitude et du respect.

Volontiers, je serais encore de l'avis d'une limite d'âge pour les directeurs de sociétés anonymes, le seul inconvénient de la prolongation du mandat qu'ait constaté l'expérience étant la sénilité. On redoute, par un sentiment respectable, de frapper de révocation un vieillard, et l'on conserve un directeur devenu routinier, ou dont les facultés sont affaiblies.

Il est évident que c'est une pensée ombrageuse, que c'est la crainte de voir la fonction présidentielle dégénérer en royauté qui a fait prendre cette précaution jalouse de limiter la durée du mandat; mais il n'y a place pour ces ombrages que parce que le président est élevé trop haut par une élection populaire. Si le directeur dépendait constamment, et pour ses actes de tous les jours, d'un conseil de gouvernement élu et constamment présent, son pouvoir étant ainsi assidûment surveillé, contrôlé, contenu, je ne verrais plus aucune objection à ce que son mandat pût être indéfiniment renouvelé jusqu'à la limite d'âge. Son ambition légitime serait alors d'atteindre à son poste cette limite d'âge, pour se retirer plein d'honneur.

Au surplus, je considère comme mauvaise de tous points, en France surtout et dans un pays aux traditions monarchiques, la combinaison de l'élection populaire d'un chef d'État, car les masses manquent absolument du discernement nécessaire pour le bien choisir. La première condition d'une bonne élection est que le candidat puisse être connu et apprécié par l'électeur. Les masses ont des instincts généraux dont je ne méconnais pas la valeur ni la puissance. Demandez-leur, si vous l'osez, de voter entre la paix et la guerre, entre la monarchie et la république, entre telle et telle dy-

nastie, elles vous répondront, soyez-en certains,
en sachant ce qu'elles répondent. Heureux, si un
scrutin divisé n'est pas le signal d'une guerre civile ! Mais ne leur demandez pas de choisir le magistrat intègre, l'administrateur éminent, peut-être
obscur, qui serait le meilleur directeur d'une
république. Elles ne le connaissent pas, elles se
laisseront encore entraîner par le prestige d'un
nom, elles éliront un général victorieux, un tribun
ou un prince, trois sortes de destructeurs des ré-
publiques. Si vous voulez fonder une république
rationnelle et durable, gardez-vous donc bien de
demander pour le chef du pouvoir exécutif la
consécration d'un vote populaire.

Le ferez-vous nommer directement par l'Assemblée nationale? C'est l'avis qui semble prévaloir
aujourd'hui. Tout en applaudissant à l'heureux
essai qui vient d'être fait de cette combinaison,
dans des circonstances critiques et transitoires, je
me permets de croire que ce serait une mauvaise
institution constitutionnelle. Une assemblée de
750 membres, plus ou moins, est encore trop nom-
breuse pour que les passions n'y soient pas ardentes
et les discussions violentes : or le choix d'un bon
mandataire, d'un bon administrateur n'est pas af-
faire de passion ni de violence. Les partis s'en-
flammeraient, les chances seraient là encore pour

un nom éclatant, pour un général, un tribun ou prince. L'élu pourrait avoir le tempérament le plus opposé à celui d'un bon magistrat ; on ferait le choix le plus désagréable, le plus hostile aux minorités, en poursuivant le triomphe d'un parti.

Et puis, une majorité très-imposante, voisine de l'unanimité, élèverait trop un homme, jusqu'à lui donner le vertige du pouvoir ; une majorité douteuse, disputée, péniblement obtenue après plusieurs scrutins le laisserait au contraire trop affaibli et trop contesté. Nos mœurs républicaines ne sont pas assez sûres, nous n'avons, pour notre malheur, en France, pas assez le respect de la loi pour qu'il ne fût pas téméraire d'affronter l'un et l'autre péril.

Que faire donc ? Tout simplement ce que font les assemblées des sociétés anonymes et ce qui leur réussit. L'Assemblée nationale élira un conseil de gouvernement, lequel choisira un directeur.

L'expérience démontre que les assemblées politiques sont beaucoup moins passionnées et moins exclusives pour la formation d'une commission que pour un suffrage unique. Elles admettent des transactions, elles recherchent les capacités spéciales, elles s'attachent même à représenter les minorités. Sans doute le parti dominant imposerait

la majorité des choix, et cela doit être, mais d'une
façon moins agressive, et en introduisant dans le
conseil quelques modérateurs. Je propose un conseil de gouvernement de douze membres. Il me
semble qu'on pourrait attendre d'une assemblée
un choix judicieux de ces douze membres. Autrement, il faudrait désespérer de tout système élec-
tif, c'est-à-dire de la République elle-même.

Ce conseil de gouvernement ne serait pas du
tout un conseil des ministres. Il entraînerait au
contraire la suppression du conseil des ministres
et celle même des ministres tels qu'on les entend
aujourd'hui.

J'appelle sur cette distinction fondamentale
toute l'attention du lecteur. La combinaison que
je propose est nouvelle en politique et peut paraî-
tre chimérique. Elle est tout ce qu'il y a de plus
pratique et de plus éprouvé dans le fonctionne-
ment journalier des sociétés anonymes les plus
prospères.

Est-ce que les sociétés anonymes ont rien qui
ressemble à des ministres et surtout à un conseil
des ministres ? Nullement, elles ont un vrai conseil de gouvernement, dont les membres, étrangers
à l'administration de détail, ne sont à la tête d'aucun service. Bien plus, les membres de ce conseil
de gouvernement peuvent, comme je l'ai dit ,

exercer les professions personnelles les plus diverses, en dehors du gouvernement de la société.

Chacun d'eux, isolé, sorti du conseil, n'a aucune fonction quelconque dans la société, aucun pouvoir, à moins d'une délégation expresse du conseil. Sans doute, à la tête de chaque service administratif est préposé un fonctionnaire principal, chef de division ou directeur particulier, peu importe le nom. Il y a le directeur de la comptabilité, le directeur de la correspondance, le directeur de l'exploitation, le directeur commercial, le directeur des usines ou de telle usine, etc. Mais ces directeurs, renfermés chacun dans son département respectif, ne s'assemblent pas en conseil, ne décident rien en corps, sont sous les ordres du directeur général, et peuvent donc, logiquement, être choisis par lui. Ils sont de simples fonctionnaires, ils ne sont introduits dans le conseil de gouvernement que s'ils y sont appelés pour donner les informations de leur spécialité. Ils diffèrent essentiellement ainsi de ce que nous sommes accoutumés à entendre sous le nom de ministres.

Je ne saurais trop insister sur ce point qui me paraît capital. La combinaison des ministres, nommés et choisis par un président de République pour se former en conseil de gouvernement, est tout ce qu'il y a de plus irrationnel. J'ajoute que tel homme, par ses aptitudes spéciales, pourrait faire le meilleur ministre de la marine, du commerce, des travaux publics, des finances, de la guerre, etc., qui serait un très-médiocre membre d'un conseil de gouvernement. Il suffira, pour l'écarter, qu'il n'ose pas aborder la tribune, on lui préférera un orateur. J'ajoute encore que la nécessité pour un ministre d'être incessamment dérangé, surmené, soit pour les séances du conseil de gouvernement, soit pour assister aux séances des chambres et prendre part aux discussions, est tout ce qu'il y a de plus funeste à la bonne et prompte expédition des affaires. Les hommes s'usent vite dans de tels labeurs ou négligent une partie de leurs fonctions, et l'administration proprement dite reste en souffrance.

On objectera la pratique des monarchies constitutionnelles. Je répondrais aisément à l'objection, si je discutais cette forme de gouvernement. J'en suis dispensé tant que j'étudie les conditions d'un bon gouvernement républicain et que je recherche des analogies dans l'expérience des grandes affaires. Jamais des hommes d'affaires n'ont tenté de faire gérer une association selon les règles de la monarchie constitutionnelle, qui met l'hérédité au sommet d'une sorte de république.

J'en reviens donc à recommander ce que pratiquent avec un si éclatant succès les grandes sociétés anonymes :

Un conseil de gouvernement de douze membres élus par la représentation nationale;

Ces douze membres recevant un mandat temporaire de quatre ans, toujours renouvelable;

Tous les ans, réélection de trois de ces membres. L'esprit du gouvernement peut ainsi être continuellement rajeuni, influencé sans changements trop brusques.

Ce conseil de gouvernement nomme et choisit un directeur de la République. S'il le nomme dans son sein, il y a une place vacante à remplir.

Le directeur, nommé aussi pour quatre ans, toujours révocable, toujours rééligible, jusqu'à une limite d'âge à déterminer.

Le directeur, chef de tous les services administratifs, faisant les présentations pour tous les emplois, même pour ceux de *ministres*, si l'on conserve ce nom à des fonctionnaires dont la situation sera bien différente de ce qu'elle est aujourd'hui.

Le directeur, agent de gouvernement aussi, à proportion exacte de la confiance du conseil, et nécessairement en étroite union avec ce conseil, auquel il est subordonné.

Le conseil de gouvernement, défendant sa politique devant la représentation nationale par tels de ses membres qu'il lui plaît de désigner, les plus compétents ou les plus éloquents, même par des commissaires ou des ministres, dans les questions spéciales, succombant s'il pose une question de confiance et n'obtient pas un vote de confiance, remplacé en tout ou en partie par une élection nouvelle, selon le jeu régulier des institutions.

Voilà certes les conditions d'une bonne administration et d'un gouvernement sincèrement républicain. C'est tout à fait l'organisation des sociétés anonymes les plus prospères. — Tout se résume dans les règles et le caractère du *mandat*.

Jusqu'à présent, je n'ai pas vu de difficultés sérieuses, et l'assimilation est aisée. Mais il me faut aborder maintenant la grande difficulté.

J'ai dit que, dans les sociétés anonymes, c'est l'assemblée unique des actionnaires qui représente tous les associés et qui élit le conseil de gouvernement. Cette assemblée unique est absolument souveraine, sauf qu'elle ne peut pas violer les statuts ou la constitution.

Quand les associés ne sont pas trop nombreux pour qu'une même salle les abrite tous, le droit de suffrage peut être universel, sans exclusion des femmes ni des mineurs, les femmes mariées autorisées ou représentées par leurs maris, les mineurs représentés par leurs tuteurs, le tout suivant le droit civil.

Quand les associés sont trop nombreux, le droit de suffrage est restreint et réservé aux seuls possesseurs de cinq, de vingt ou de quarante actions.

Alors même, les femmes ni les mineurs ne sont exclus.

Or il est matériellement impossible qu'un grand pays comme la France se réunisse par un procédé quelconque dans une assemblée élisant son conseil de gouvernement. Ainsi s'impose par la meilleure de toutes les raisons, par la force majeure, la nécessité, inconnue aux sociétés anonymes, d'une représentation, d'un nouveau rouage, d'un degré de plus à l'élection.

Donc il est d'absolue nécessité qu'il y ait des assemblées primaires et locales, élisant la représentation nationale, laquelle élira le conseil de gouvernement.

Un seul degré de plus, le suffrage universel, tel qu'il est appliqué depuis 1848, suffira-t-il? Examinons.

Je remarque d'abord que ce suffrage prétendu universel exclut toute représentation des femmes et des mineurs. Il y a pourtant des femmes qui sont fonctionnaires publics, comme les receveuses des postes. Il y a aussi des mineurs qui sont fonctionnaires, officiers, avocats, etc. Enfin la femme et le mineur émancipé peuvent, d'après le droit civil, exercer un mandat. Le législateur du suffrage universel n'a donc pas reculé devant l'arbitraire de certaines exclusions.

Je remarque, en outre, qu'on donne à élire des représentants à cent ou à deux cent mille électeurs dispersés dans un très-grand nombre de communes, ne se connaissant pas entre eux, ne connaissant pas davantage les candidats et incapables de se concerter. On permet bien les réunions électorales, où les candidats peuvent aller pérorer, répondre à des questions impertinentes, prodiguer les promesses et s'efforcer de passionner l'auditoire. Moyen détestable, qui agite et trouble profondément le pays au moment où il aurait le plus besoin de calme, et que je ne saurais assez réprouver. Tous les intrigants, les agitateurs, les ambitieux faméliques, tous les orateurs de carrefour, tous les oisifs et les ivrognes des bourgades se pressent à ces réunions qui ressuscitent pour quelques semaines les clubs. Presque tous les bons citoyens s'en éloignent.

La profession de foi imprimée, affichée et distribuée, vaut infiniment mieux. Du moins elle est à la portée des bons citoyens.

En dehors de ce détestable moyen des réunions électorales, il y a la candidature officielle, avec l'abusive pression de l'action administrative; il y a les scrutins préparatoires des comités et les désignations de la presse. Il y a encore les injonctions des sociétés secrètes.

Je constate comme une éclatante vérité que le suffrage universel, réputé direct d'après la loi, ne l'est jamais en fait et ne peut pas l'être, alors surtout qu'il s'agit d'un scrutin de liste. L'élection suppose de toute nécessité une désignation préalable, c'est-à-dire deux degrés. J'ai eu déjà trop souvent à exercer mes droits électoraux. J'ai dû investir de ma confiance des personnages qui m'étaient complétement inconnus, en adoptant la liste d'un journal ou d'un comité. Que dire des masses d'électeurs qui sont moins lettrés que moi ?

L'institution est donc faussée dans son principe. S'il en est ainsi, s'il est certain que le suffrage direct est une chimère et un mensonge, il faut avoir le courage de réformer l'institution, de la rendre plus sincère et de transporter le fait dans le droit, en constituant le suffrage à deux degrés.

Cela me paraît facile. Nous avons une petite société primaire, la commune, seule agrégation dont tous les individus, sauf dans les grandes villes, se connaissent et peuvent se concerter aisément. Chaque commune élit un conseil municipal. Là le suffrage peut et doit être direct. Pourquoi tous les conseillers municipaux de France ne seraient-ils pas le corps électoral, élisant la représentation nationale ?

Je réfléchis à cette idée que je trouve simple et féconde, je n'aperçois pas d'objections fondées.

Augmenter l'importance de la commune, tout le monde le désire, et ce moyen est des plus efficaces. Il est clair qu'augmenter l'importance des conseillers municipaux, c'est faire rechercher ces fonctions par tant d'habitants notables qui maintenant les dédaignent, c'est élever incontestablement le niveau des lumières dans les conseils.

Qui dit élus dit ou du moins est présumé dire élite. La représentation nationale serait donc nommée par l'élite de toutes les communes de France.

Et puis on lasserait moins, on dérangerait moins souvent, on troublerait moins, par de décevantes excitations politiques, les humbles travailleurs des villes et des campagnes, dont les meilleurs, fatigués d'appels pour élire des inconnus, finissent par s'abstenir. Tous sauraient qu'ils n'ont plus à nommer que leurs conseillers municipaux, mais que c'est plus important que jamais.

Dans ces termes, je n'aurais pas d'objection à l'application, à l'extension même du suffrage universel, sous la condition d'un domicile d'un an au moins. Des nomades ne doivent pas voter pour le conseil municipal; mais j'admettrais les mineurs émancipés et aussi les femmes majeures, non en puissance de mari, comme elles sont admises dans une assemblée d'actionnaires. Je n'aperçois aucune raison pour qu'une veuve ou une fille majeure, qui dirige une exploitation agricole, qui est receveuse des postes, marchande ou maîtresse d'école, pour que la tutrice de ses enfants mineurs ne concoure pas à l'élection de son conseil municipal.

Qu'on veuille bien ne pas se méprendre sur ma pensée; je n'entends soulever aucune thèse d'émancipation des femmes, ni changer les mœurs de la famille, ni critiquer notre droit civil; je dis seulement que la femme à laquelle le code donne des droits civils exactement semblables aux nôtres peut, sans inconvénient et avec justice, concourir aux élections municipales. Mais, par mille raisons de convenance et de décence, je maintiendrais l'exclusion des femmes des conseils eux-mêmes.

Cette combinaison aurait encore l'avantage d'écarter de l'urne toute l'armée active présente sous les drapeaux. L'exclusion n'aurait rien d'offensant pour elle et découlerait naturellement par voie de conséquence, sans avoir besoin d'être exprimée. Le vote n'ayant lieu qu'à la commune, les militaires qui seraient dans leurs foyers, même en congé ou en permission, voteraient sans doute avec tous les autres habitants pour l'élection des conseillers municipaux, en sorte qu'il n'y aurait pas, à proprement parler, d'exclusion. Là, leurs votes seraient sans aucun inconvénient pour la discipline; mais on échapperait à ces détestables scrutins militaires, à ces embauchages de cabaret, à ces excitations de clubs, qui ont tant contribué à relâcher le nerf de la discipline et qui ont été certainement une des causes de nos malheurs.

Les conseillers municipaux ne devraient être renouvelés que partiellement tous les ans. Je me garderais bien d'infliger à la république une crise périodique à échéance fixe aussi intense que le renouvellement simultané de tout le corps électoral. Les affaires de la commune n'en iraient aussi que mieux, sans crises violentes. Chaque année on aurait à remplacer, en même temps que les membres décédés ou démissionnaires, ceux dont les fonctions seraient parvenues à leur terme et qu'aurait d'abord désignés le sort. On aurait par là l'occasion naturelle d'épurer le conseil en écartant quelques membres qui auraient perdu la confiance de la population, de le rajeunir, d'y introduire des habitants notables récemment établis dans la commune. On renouvellerait les pouvoirs des conseillers utiles et estimés, contre lesquels il est probable que des compétitions oseraient rarement se produire, lorsqu'elles auraient le caractère d'une hostilité, tandis que, pour un renouvellement intégral du conseil, toutes les prétentions sont en jeu et n'ont pas la même réserve.

Le conseil municipal nommerait son président, qui ne serait pas le maire, et désignerait un véritable directeur des affaires de la commune, qui serait le maire, toujours à l'instar des conseils des sociétés anonymes.

Les conseillers municipaux, seuls électeurs politiques, éliraient la représentation nationale, non par scrutin de liste, mais par des circonscriptions homogènes soigneusement établies en raison de la population, chaque circonscription n'ayant à élire qu'un député. C'est la condition nécessaire d'un choix éclairé. Il est évident, par exemple, que dans chaque arrondissement les conseillers municipaux apprécieraient aisément les titres des candidats, et sauraient pour qui ils votent.

La représentation nationale ne serait renouvelée elle-même que partiellement chaque année. Les crises politiques en seraient moins intenses et moins passionnées. Là encore il arriverait souvent que le député en possession d'une grande et légitime considération n'aurait pas de compétiteur.

Les avantages de la combinaison que je propose me paraissent frappants et nombreux. Il en est un qui pourrait échapper au lecteur et que je veux faire ressortir. Les députés élus auraient désormais beaucoup moins à s'occuper des intérêts privés des individus que des intérêts collectifs des communes.

Une grave question reste à poser. La représentation nationale serait-elle composée d'une seule ou de deux chambres?

Peut-être sera-t-on surpris que je me prononce pour une seule chambre. La logique m'y conduit, ainsi que mon point de départ, qui est l'expérience des affaires. Je sais que les meilleurs esprits, pénétrés d'idées conservatrices, sont partisans d'une chambre haute. C'est un précieux rouage modérateur, c'est une digue opposée aux entraînements. Moi aussi je n'hésiterais pas à réclamer une chambre haute, soit dans une monarchie constitutionnelle, soit dans une république dont le président, issu de l'élection populaire, aurait une puissance propre. Mais qu'on veuille bien remarquer que ces combinaisons, les seules que nous ayons eues sous les yeux, diffèrent essentiellement de celle que je propose.

Le directeur, tel que je le comprends, n'est qu'un mandataire d'exécution et d'administration, constamment subordonné, constamment révocable. La vraie puissance gouvernementale est partagée entre les douze membres d'un conseil élu par la représentation nationale, et se renouvelant partiellement tous les ans. Il y a là des modérateurs naturels, peut-être supérieurs au rouage d'une chambre haute. Je ne vois guère comment faire concourir deux chambres à la nomination du conseil de gouvernement ; je craindrais de donner tout d'abord naissance à de graves et inévitables conflits. Je redouterais singulièrement aussi par la suite d'autres conflits qui passionneraient la presse et le pays. Se représente-t-on, par exemple, une chambre voulant changer le conseil de gouvernement que voudrait conserver l'autre, une chambre votant la guerre et une autre la paix au milieu de l'effervescence de la nation ?

J'aperçois donc plus de dangers que d'avantages à la division de la représentation nationale en deux chambres. Quant aux avantages qui sont certains, dans les questions de législation, comme remèdes aux mesures hâtives et aux amendements inconsidérés qui peuvent être une sorte de surprise, il me paraîtrait aisé de les retrouver autrement, en attribuant au conseil de gouvernement le droit, avant de sanctionner la loi, de la soumettre à une nouvelle délibération. Cela vaudrait mieux que le vain formalisme actuel des trois discussions, qu'il est si facile d'éluder par une déclaration d'urgence, et qui ne s'applique pas aux mesures budgétaires, lesquelles comprennent cependant tant de choses de la plus haute importance.

Dans les sociétés anonymes aussi, une décision hâtive dont le danger serait manifeste n'est jamais définitive. Le conseil peut délibérer à nouveau, quand il y est invité par son président ou par le directeur, sur les choses qui sont de son domaine. Il peut toujours réunir l'assemblée pour en appeler à elle-même d'une de ses décisions, dont l'inconvénient apparaîtrait clairement.

Je n'ai pas la naïveté de penser qu'il suffirait d'organiser ainsi que je le propose la société publique pour désarmer l'esprit révolutionnaire et démagogique qui est le fléau de notre pays, mais je crois permis d'espérer qu'on l'affaiblirait considérablement. Je crois qu'on diminuerait beaucoup les chances des crises aiguës. Je crois qu'on ôterait tout prétexte à la violence et à la révolte. Or les mouvements populaires les plus coupables ont toujours besoin d'un prétexte plausible. On ne changerait pas brusquement la forme du gouvernement, on ne soulèverait pas au milieu des passions surexcitées et des emportements de la presse la discussion entre la république et la monarchie, ou plutôt les monarchies. Cette discussion ne pourra jamais s'ouvrir sans de formidables périls. Je conçois que la sagesse de l'Assemblée n'ait pas osé l'aborder et l'ait ajournée à des temps plus calmes, mais il n'y aura jamais de temps calmes pour une telle discussion, et dussé-je être taxé de timidité, j'avoue que je n'attendrais pas sans anxiété, sans épouvante le résultat d'un scrutin de Versailles, pouvant voter à quelques voix de majorité une monarchie, au risque de déchaîner encore une fois la guerre civile.

La république étant, suivant un mot répété souvent et d'une vérité profonde, ce qui nous divise le moins, je crois qu'il serait patriotique de l'accepter résolûment et loyalement, presque sans discussion, pour ne s'attacher qu'à la constituer sur les bases qui donneraient le plus de garanties aux principes conservateurs de la société.

Je crois que les hommes de la droite, notamment, ont tout à gagner à se former en un grand parti conservateur de la république. Je les adjure de se souvenir que deux fois depuis quarante ans, en 1848 et en 1871, ils ont dû à la république, et à la république seule, de sortir du néant politique et de redevenir une grande influence dans le pays. Il dépend d'eux que la seconde renaissance ne soit pas aussi éphémère que la première. Il dépend d'eux de maintenir, de consolider, il faut déjà dire de raffermir cette influence. C'est moins chevaleresque que le culte d'une tradition de famille et d'un drapeau, mais c'est plus politique, et nous ne sommes plus aux temps de la chevalerie.

Je crois qu'après avoir fait patriotiquement à la paix publique le sacrifice des préférences qui divisent, les hommes de bonne foi et de bonne volonté, si nombreux dans l'Assemblée actuelle, acquerraient par leur union une force qui pourrait braver l'esprit révolutionnaire. Je crois que cette force leur permettrait de proscrire absolument, au nom de la sécurité publique, les sociétés secrètes et les réunions politiques, de les réprimer au besoin par des lois draconiennes, de réprimer aussi la licence de la presse, d'exercer enfin à ciel ouvert une influence sur les choix du suffrage universel à ses deux degrés.

Je demande à toucher en quelques mots ce dernier point. Il y a là un immense danger à combattre. Un libéralisme décevant, un sentiment honnête de réaction contre les excès du régime impérial, les engagements pris dans l'opposition à ce régime, la crainte d'être accusé de palinodie, tout cela réuni fait qu'on ne tente rien contre ce danger. Peu s'en faut qu'on n'érige en dogme l'abstention de toute action gouvernementale dans les élections. On se souvient trop qu'une des thèses de l'opposition a été de proscrire les candidatures officielles. Il n'y a là qu'une question d'honnêteté et de mesure. Je soutiens que dans le mandat que j'ai concouru à donner à une Assemblée souveraine, que dans le mandat qu'à son tour elle donne à un gouvernement, est renfermé celui d'influencer, loyalement et au grand jour, en un sens conservateur, les élections futures, et de ne pas laisser le suffrage universel sans direction et sans conseil, à la merci des agitateurs de la démagogie. Je soutiens qu'un gouvernement qui ne fait pas usage de sa légitime influence manque à une partie du mandat qu'il a reçu pour la défense de la société.

Ici, pour revenir à la comparaison qui a été le point de départ de cette étude, je peux encore invoquer l'invariable usage des sociétés anonymes. Les élections y sont parfaitement libres, et cependant le conseil d'administration désigne toujours ses candidats. Si les actionnaires assemblés ont confiance dans le conseil, ils votent pour les candidats qu'il leur désigne. S'ils sont mécontents de l'administration, ils votent pour des candidats d'opposition. Je n'ai jamais entendu se plaindre de cet usage ; au contraire, les actionnaires seraient très-embarrassés de savoir sur qui grouper leurs suffrages, si par respect pour leur indépendance le conseil s'abstenait de toute désignation. Quand avant leur assemblée il y a des réunions privées, des brigues, des conciliabules, tenez pour certain que la société n'est pas prospère ou cessera bientôt de l'être.

Pendant que je traçais ces lignes, une nouvelle expérience du suffrage universel direct se faisait encore par toute la France pour l'élection des conseillers généraux, et attestait une fois de plus le vice de ce système électoral. Le nombre immense des abstentions, le nombre des scrutins sans résultat étaient pour nos institutions provisoires deux véritables scandales. Les hommes d'ordre, là où ils étaient privés de direction, se divisaient ou s'abstenaient. Les sectaires, au contraire, obéissant à des désignations impérieuses, marchaient et votaient avec ensemble, en profitant de la lassitude et du désarroi des conservateurs. Et cependant le résultat général a témoigné de la puissance des sentiments et des intérêts conservateurs. Une majorité considérable et incontestable leur est acquise en France, et la composition actuelle des conseils généraux n'est pas un danger, si la majorité de l'Assemblée nationale sait être unie, compacte, resserrée sur un terrain pratique, au lieu de se diviser sur des théories, des traditions ou des aspirations.

Seulement il est temps d'aviser. Le terrain pratique ne me paraît pas pouvoir être autre que celui de la forme actuelle du gouvernement, de la forme républicaine. Il faut donc accepter franchement et résolûment la république. Personne n'ose proposer de supprimer le suffrage universel. Il faut donc l'accepter aussi, mais il faut organiser et le suffrage universel et la république sur des bases rationnelles, en se pénétrant des principes du mandat, et je termine ici ce travail, en répétant le mot qui lui a servi de titre et qui en exprime l'idée inspiratrice : le Mandat.

Paris. — Imprimerie Ad. Lainé, rue des Saints-Pères, 19.